LES ORGUES

DE

NOTRE-DAME

D'ALENÇON

Par Mᵐᵉ G. DESPIERRES

Membre correspondant du Comité des Sociétés des beaux-arts
des départements

ARGENTAN

IMPRIMERIE DU JOURNAL DE L'ORNE, RUE DU COLLÈGE

—

1888

LES ORGUES

DE

NOTRE-DAME D'ALENÇON

L'histoire de l'église de Notre-Dame d'Alençon est loin d'être entièrement connue. Plusieurs auteurs ont donné dans leurs écrits une description souvent bien sommaire de cet édifice religieux, un des plus beaux du département de l'Orne, sans pouvoir préciser à quels artistes sont dus les principaux travaux exécutés dans cette église. Aussi les légendes et les probabilités remplacent-elles, dans des récits trop souvent répétés, les documents qui font défaut, ou qui échappent aux investigations des chercheurs.

Ainsi, il est extraordinaire que les auteurs aient attribué au XVII° siècle le riche buffet des orgues de Notre-Dame, quand, par son aspect, tout dénote, dans la partie supérieure, un travail de la Renaissance.

Odolant-Desnos a dû contribuer à la propagation de cette erreur, par le passage suivant, extrait de ses *Mémoires historiques sur Alençon et ses seigneurs*, tome Ier, page 43, où il dit : « L'orgue (de N.-D.) fut placé le 17 septembre 1537 ; il fut *entièrement détruit* par les protestants en 1562. »

Les recherches que nous avons faites sur les travaux d'art exécutés à Notre-Dame, nous ont fait découvrir, dans les registres du tabellionnage d'Alençon, un acte important, qui nous permet de combler une des nombreuses lacunes de notre histoire locale, auxquelles les magnifiques orgues de Notre-Dame n'ont pas fait exception.

Ce document n'est pas seulement intéressant au point de

vue de l'histoire de l'église Notre-Dame ; il nous initie encore
aux progrès réalisés dans la construction des orgues du xvie
siècle.

Par ces considérations, nous avons cru devoir publier litté-
ralement les parties importantes de cet acte, qui n'est autre que
le marché passé, *le 17 septembre 1537*, entre les organistes et les
trésoriers, pour la construction de l'orgue de Notre-Dame.

Du xvii jo de septembre Lan mil vcxxxvii devant les tabellions cy sobz.
signez A Alençon.

Furent Tous maistres Gratien de Cailly et Symon Le Vasseur *organistes
et faiseurs d'orgues* lesquels par alleu et marche par eulx faict avecqz les
trésoriers bourgeois de ce lieu d'Alençon se submisrent et obligerent faire
parfaire et accomplir unes orgues en lesglise deNotre-Dame du dit lieu d'A-
lençon bonnes et suffisantes de douze piedz les principaulx tuyaulx et de
grosseur a Lequippollent Et des tuyaulx de six piedz des orgues de Notre-
Dame de Guibray Au dessus et au dessoulx a la dite equippollence Ou sen-
suyvront tous Les aultres tuyaulx des dites orgues Le parement desquels
sera de fin estain et des aultres tuyaulx de dedans tant pour la fourniture du
principal que de celle de six piedz Et aultres lieux ou il sera mestier y en
faire d'estain Et le reste de tous Les tuyaulx des dites orgues sera de plomb
net bon et suffisant.

Lesquelles orgues seront entonnees du ton du coeur Et esquelles y aura
xiii ou xiiii differences de jeulz entiers et particuliers Grand est le dit
jeu de douze piedz destain Ung aultre jeu pareillement destain de troys
piedz Lesquels troys jeulz destain prennent dembas sur le hault pour
myeulx fournir a la fourniture.

Item une fourniture d'huyct tuyaulx sur marche Le tout destain avec
une cymballe pareillement destain qui sont cinq jeulz servant tous au principal du corps des dites orgues

Item ung jeu de flustes entonnee de six piedz estouppee pour faire le
nazard qui sera de plomb

Item une fleuste de troys piedz pareillement de plomb

Item ung aultre jeu de doubles fleustes pareillement de plomb de troys
piedz

Item une aultre fleuste de plomb de pied et demy pour servir au jeu du
nazard

Item une fleuste hors ton pour le nazard pareillement de plomb

Item ung aultre petit jeu de nazard

Item ung jeu tremblant qui tremblera sur lequel des jeulz quil plaira a
lorganiste sans segonde personne

Item ung jeu de Rossignol ou de Bedou (1)

Et cy au corps d'orgues y aura XIII trayantz

Item devant lesquelles orgues y aura ung positif du pourtraict qui a este baille par les sieurs Maistres aux sieurs tresoriers et bourgeoys Auquel positif y aura ung jeu de trompettes de six piedz Et cy ce sera comprins ung jeu de voix humaines et ung jeu de herpes Et seront tous les dits tuyaulx de bonne et suffisante espesses de tuyau sans y espargner estain ou plomb.

Le tout selon qu'il sera requis raisonnablement Et auxquelles orgues y aura un sommier et sommiers bons et suffisants de la forme de ceulx des orgues dArgentan qui seront de telle grandeur et spaciosité quil sera requis selon loeuvre Et auxquelles orgues y aura cinq grands soufflets emboytes pour le corps des dites orgues et deux pour le positif

Et entant que la menuiserie elle sera pour le corps dorgues depuys lassiette du sommier jusques au hault De la forme du pourtraict des orgues dArgentan Mais en oultre y seront Les quatre tourelles a rond et a pendz a cul de lampe pendant Et les lanternes de dessus jouant celles des orgues dArgentan ou de celles pourtraictes au pourtraict baillé par les sieurs organistes aux sieurs tresoriers et bourgeoys au choix diceulx bourgeoys Lesquelles Lanternes seront de telle grandeur que le cas requerra Pour lesquelles orgues faire et fournir de toutes matières et toutes choses generallement quelconques Et les rendre toutes prestes faites de telles painctures (2) de argent et azur qu'il plaira aux sieurs bourgeois.....

Iceulx tresoriers qui sont maistre Jehan Moynet escuïer sieur de Neauphle Cleriadus Bouvet sieur de Vendelle et Anthoine Le Lieuvre prêtre ont promis payer aux dits organistes La somme de quatorze cents livres Et aultre somme de cent livre qui demeure a l'admission des sieurs bourgeoys Laquelle somme de cent livres ils payeront aux dits organistes au cas que les dites orgues soient parachevees et accomplyes jouant Et quant aux quatorze cents livres elles seront payeez aux dates qui ensuivent cest asscavoir dedans la toussaint prochaine deux cents livres et cent livres a Noël trois cents livres dedans paques aultre cens livres a la pentecoste et les aultres sept cents livres elles seront payeez a la mesure que la besoigne se fera...... et accorde que dedans la nativité Saint Jehan-Baptiste prochaine les organistes rendront partie des dites orgues et l'autre partie au plustôt que faire se pourra (3). »

---

(1) Bedou est le nom donné à un oiseau appelé Rouge-gorge.
(2) Au XVIe siècle, on avait l'habitude de peindre les tuyaux des orgues.
(3) Le positif étant indépendant du reste de l'orgue pouvait être fait après. C'est là sans doute ce qui est indiqué par ces deux parties.

Par les payements qui devaient se faire à la Toussaint (1), à Noël, à Pâques et à la Pentecôte pour la moitié de la somme, et le reste à *mesure que le travail se ferait*, on voit que la construction dura plus d'une année (2).

Une partie de l'orgue devait être prête à la Saint Jean-Baptiste 1538, et le reste *au plus tôt que faire se pourrait*. Ces orgues ne furent donc pas placées le 17 septembre 1537, comme le dit Odolant-Desnos; mais seulement commencées à cette date; et nous savons maintenant que Gratien de Cailly et Symon Le Vasseur furent les facteurs auxquels ce travail fut confié.

Ces artistes n'étaient sans doute pas étrangers à la construction des belles orgues de Saint-Germain d'Argentan, qu'ils prenaient comme modèle (3).

---

(1) Le premier payement pour la façon des orgues de Notre-Dame se fit le 3 novembre 1537 en présence de « *Guillaume Farcy advocat et Jehan Lebouc prêtre.* »

(2) D'après l'acte suivant, l'orgue ne paraît avoir été inauguré que dans l'année 1540, date à laquelle il fut complétement fini :

« Le 4 octobre 1539, Messire Anthoine Le Lieuvre prêtre et Maistre Cleriadus
« Bouvet sieur de Forges trésoriers de lesglise Notre-Dame d'Alençon d'une part
« et Jehan de Maton menuisier d'autre part lesquels firent accord et marché tel
« que sensuict cest asscavoir que le dit Maton a prins et sest chargé faire la
« coincture de closture du pupistre des orgues dicelle esglise suivant le devis et
« pourtraict quil en a baille aux sieurs tresauriers En sorte que la dite closture
« descendra jusques au bort du bas de la grosse piece de devant le dit pupistre
« et même des boutz et galleryo et rendre preste la dicte ceincture dedans Paques
« prochainement venant pourquoi faire a este par les sieurs tresauriers promis
« payer au dit Maton la somme de cinquante sept livres dix solbz Dont luy a
« este presentement avance et paye en la presence et veue des sieurs tabellions
« et des tesmoins soubzscriptz la somme de vingt livres tournois et le surplus
« sera au dit Maton paye a la mesure que la besoygne dicelle ceincture sera
« faicte.... presence de Louys Herviere sieur de la Grandiere de Maistre Gratien
« de Cailly et Julien Martin tesmoins. »

(3) Nous devons à l'obligeance de M. Jamet, curé de Saint-Germain d'Argentan, la communication suivante : « D'après les documents conservés dans les ar-
« chives de la paroisse Saint-Germain, il y avait un petit orgue en 1410 ; il fut
« réparé et augmenté en 1450. Malheureusement les noms des premiers facteurs
« n'ont pu être retrouvés... En 1545, il fut remplacé par un instrument plus com-
« plet et construit d'après *les méthodes nouvelles*, le nom du facteur a été sauvé
« de l'oubli. A cette époque vivait au couvent des Dominicains d'Argentan, un reli-
« gieux qui était à la fois musicien, chantre et artiste, le père Després. Il accepta
« la mission de construire un grand orgue composé d'autant de jeux qu'il serait
« nécessaire pour remplir les vastes nefs de Saint-Germain. Le succès fut com-

Il serait en effet fort étonnant que Gratien de Cailly et Simon Le Vasseur eussent emprunté aux orgues d'Argentan, et la forme de leurs sommiers, et la forme du corps de l'orgue, depuis l'assiette du sommier jusqu'au haut du corps d'orgue, s'ils n'avaient été les constructeurs mêmes des superbes orgues d'Argentan. Nous croyons donc pouvoir leur attribuer ce travail qu'ils auraient entrepris quelques années avant 1537 : les orgues d'Argentan étant antérieures à celles de Notre-Dame d'Alençon.

Le jeu tremblant était déjà connu en 1537 ; *mais il nécessitait l'aide d'une autre personne*, tandis que, dans les orgues construites à Notre-Dame, les facteurs s'engageaient à faire « *ung jeu tremblant qui tremblera sans segonde personne*, » perfectionnement qui devait être tout récent.

Les quatre lanternes de dessus les quatre tourelles devaient être faites au choix des trésoriers « soit comme celles des or-« gues d'Argentan ou comme celles pourtraictes au pourtraict « baillé par les dits organistes; » leur ressemblance avec celles d'Argentan (1) nous fait connaître qu'elles furent exécutées comme ces dernières. On est en effet frappé de la similitude de ces orgues, ce qui s'explique facilement.

Cette ressemblance nous démontre aussi que les orgues d'Argentan et celles d'Alençon ne furent pas, comme on l'a prétendu, entièrement détruites par les huguenots.

Il serait d'ailleurs bien extraordinaire que partout, comme obéissant à un mot d'ordre, les protestants eussent *entière-*

« plet, l'orgue dont il fut l'habile facteur composé de tuyaux en cuivre fin ou en « vieux chêne demeura intact jusqu'à la prise d'Argentan par les protestants... »

Il doit exister une lacune dans la note précédente, ce qui s'explique par l'absence de documents. Les orgues de Saint-Germain n'ont point été refaites, *comme elles sont*, seulement en 1515. Le buffet avec ses quatre tourelles à jour existait antérieurement puisque Gratien de Cailly et Symon Le Vasseur le prenaient comme modèle pour l'orgue de N.-D. d'Alençon. Les changements apportés dans l'orgue par le père Després consistèrent assurément dans la fabrication d'autres tuyaux et dans l'augmentation des jeux nouveaux, mais la boiserie qui surmonte le buffet est antérieure à 1537.

(1) De même que les orgues d'Alençon, celles d'Argentan ont quatre tourelles sculptées à jour ; elles se trouvent maintenant placées au milieu du buffet d'orgue. Deux autres plus lourdes ont été ajoutées depuis aux premières et contrastent avec elles, étant moins élégantes.

ment détruit les orgues dans toutes les églises. Si nous en croyons Chamfailly, ils auraient aussi pillé celles de Saint Léonard (1).

Cet auteur nous semble bien exagéré dans ces imputations de pillage et de vandalisme vis-à-vis des protestants. Voici ce qu'il dit à ce sujet : « En 1562, les huguenots dévastèrent tou-
» tes les églises d'Alençon, détruisirent et brûlèrent les orne-
» ments (2), les minutes des notaires..... et, étant entrés de
» force en l'église Saint-Léonard, ils y pillèrent les orgues (3). »

Les minutes conservées dans l'étude de Mᵉ Mortagne, notaire à Alençon, attestent, par leur présence dans ces archives, que *toutes* les minutes ne furent pas détruites, puisque les registres se suivent presque régulièrement depuis 1408.

Les orgues de Notre-Dame subirent des modifications à diverses époques, ce qu'exigeaient les progrès survenus dans les jeux de ces instruments. Les tuyaux de la montre furent changés.

En 1537, ils étaient de 12 — 6 et 3 pieds ; plus tard, on les fit de 32 — 16 — 8 et 4 pieds comme dans toutes les orgues.

La boiserie sculptée qui masque les sommiers et celle de la tribune de l'orgue ne sont pas aussi belles ni aussi anciennes que la boiserie accompagnant et surmontant les tuyaux de la montre. Elles ont dû être refaites au XVIIᵉ siècle. Ce sont assurément ces travaux très importants que désignent *trois inscriptions* placées symétriquement sur cette boiserie, et dont l'une d'elles fit croire à Pierre Belard, curé de Notre-Dame,

---

(1) *Antiquaire de la ville d'Alençon* par L'orphelin-Chamfailly 1685 p. 9, réédité par M. L. de La Sicotière, en 1868.

(2) Il restait encore à Saint-Léonard des ornements précieux. Le manteau ducal de Marguerite de Lorraine, donné par cette princesse, a été, pour en retirer l'or, brûlé par un orfèvre, marguillier de l'église Saint-Léonard, d'après M. l'abbé Hommey, en 1759 (histoire de l'église Saint-Léonard) et d'après M. de la Sicotière, deuxième édition de l'histoire d'Alençon p. 127, il aurait été fondu en 1739. Nous trouvons comme marguillier à Saint-Léonard, Jacques Hébert, orfèvre, duquel est issu le fameux père Duchesne.

(3) Des orgues existaient à Saint-Léonard. En 1498, Jean Lerichommme prêtre en était l'organiste. Jean Lerichomme est décédé vers 1538.

de 1694 à 1720, que les orgues ne furent construites qu'au XVIIᵉ siècle.

Dans son manuscrit (1), nous lisons à l'article *Orgues* :

« Le buffet d'orgues qui a été fait en 16... (date qu'il ne fixe
» pas) a esté augmenté et embelly en 1720. Les soufflets qui
» estoient cy devant derrière le buffet, ont esté portez dans
» une chambre faite exprès sur le bas-costé (2). Il en a coûté
» pour la dépense faite en 1720 et 1721 environ 2.500 livres
» dont le curé a donné 1.000 livres aux conditions de lui en
» faire la rente au denier 25 à fond perdu à partir du 1ᵉʳ jan-
» vier 1721 ; le reste a esté payé par le Thrésor. »

Les inscriptions suivantes relevées sur la façade de l'orgue vont nous permettre de fixer la date qui n'est pas déter-
minée par Pierre Belard.

Inscription du milieu :

« NOBLE ANTOINE DE LA FOURNERIE, SIEUR DU PLESSIS-
» BOCHARD, CÔSEILLER DU ROY, LIEUTENANT PARTICULIER CIVIL
» ET CRIMINEL AU BAILLAGE ET SIÈGE PRÉSIDIAL DE CE LIEU. »

Inscription placée à droite :

« MICHEL-FROMENTIN, PROCUREUR AUDIT SIÈGE. JACQUES
» VERDIER DU MANS. »

Inscription placée à gauche :

« JEAN LENOIR (3) PRÊTRE THÉOLOGAL A SAIS. THRÉSORIERS,
» MARGUILLIERS DE CETTE ÉGLIZE, A LA DILIGENCE DESQUELS
» CE PRÉSENT ORGUE A ÉTÉ FAIT ET CE PAR I A C »

Jean Lenoir n'a été théologal à Sées qu'à partir de 1652 (4).

Michel Fromentin était trésorier de Notre-Dame en 1653 (5);

---

(1) Ce manuscrit est conservé à la bibliothèque d'Alençon.

(2) Cette chambre n'existe plus et il n'y a plus qu'un soufflet pour les orgues.

(3) Jean Lenoir soutint une lutte acharnée contre Rouxel de Médavy, évêque de Sées. Après beaucoup de procès, il fut condamné à la prison perpétuelle et mourut dans les prisons de Nantes le 24 avril 1692.

(4) Odolant Desnos, *Histoire d'Alençon*, tome 2, page 591 et suivantes.

(5) Le 25 novembre 1653, fut présent Benjamin Mauduit, sieur de la Saussaye, tuteur de Marie Mauduit... lesquels ont reçu de Jacques Jeanne, sieur de Bapaulme, prêtre et de *Michel Fourmentin, procureur au siège présidial*... à ce

et nous avons la preuve qu'il y avait à Notre-Dame un organiste, en 1655, par le traité suivant : « Le 31 décembre 1655 fut
» présent Estienne Clouet, organiste de Notre-Dame d'Alençon,
» lequel s'est obligé envers Jean Chamfailly, prêtre habitué en
» l'église Saint-Léonard d'Alençon, à lui montrer et enseigner
» à toucher l'orgue, battre le plain chant, faire le contrepoint
» et fugues sur tous les tons à laquelle fin ledit Chamfailly se
» transportera en la maison dudit Clouet tous les jours pour y
» prendre ses leçons durant un an et davantage si besoin est
» jusqu'à ce qu'il puisse jouer seul et qu'il ne lui manque plus
» que l'exercice..... moyennant la somme de deux cents
» livres... (1). »

Par l'acte que venons de lire et par les noms cités dans les
inscriptions, nous pouvons affirmer que le travail de l'orgue
dû à la diligence des marguilliers trésoriers de Notre-Dame fut
exécuté de 1652 à 1655.

Si les orgues de Notre-Dame avaient été détruites en 1562,
elles n'auraient donc été reconstruites que de 1652 à 1655.

Il nous paraît peu probable que l'église paroissiale de Notre-
Dame d'Alençon soit restée près d'un siècle sans avoir de
grandes orgues, et il faudrait que l'orgue actuel eût été refait
de 1652 à 1655 sur le devis des anciennes orgues construites
en 1537, ce qui n'est pas admissible : les artistes travaillant
toujours en suivant le style de leur époque. Et, si nous nous
reportons à la description de l'orgue, qui est donnée dans le
marché passé en 1537, il est facile de reconnaître, abstraction
faite des améliorations dont nous venons de parler, que les
orgues anciennes sont celles qui existent encore aujourd'hui à
Notre-Dame et dont les visiteurs admirent les quatre tourelles
surmontées chacune d'une lanterne, le tout sculpté à jour et
si délicatement qu'elles semblent être une dentelle se déta-

présent stipulant *en qualité de trésorier de l'église Notre-Dame...* la somme de
450 livres, en quoi messire Pierre Lehayer, chevalier-procureur du roy, François
Leconte, prêtre, et Guillaume Guilloré, en qualité de trésoriers du trésor de
N.-D., lesquels s'étaient obligés envers René Landouillette, marchand fondeur de
la ville du Mans, pour la façon d'une cloche... par contrat passé le 22 mai 1611.
   (1) Tabellionnage d'Alençon.

chant avantageusement sur un superbe vitrail qui leur sert de fond.

Nous pouvons donc conclure que, malgré ses augmentations, le buffet des orgues de Notre-Dame, si riche et si élégant, est de l'époque de François Ier, et non du XVIIe siècle.

Les orgues de Notre-Dame furent restaurées à différentes dates (1).

La restauration de 1846-1847 par M. Luce, a coûté 10.500 francs.

En 1873, les facteurs Damiens frères, de Gaillon (Eure), restaurèrent complètement l'orgue de Notre-Dame. La force de l'instrument fut augmentée de plusieurs jeux nouveaux, et la dépense de cette restauration s'est élevée à 12.000 francs. L'inauguration s'en est faite le 5 janvier 1874.

Alençon, 17 mai 1888.

---

(1) Nous devons la connaissance du prix de ces restaurations à l'obligeance de M. Dumaine, curé de Saint-Pierre-de-Montsort.

www.ingramcontent.com/pod-product-compliance
Lightning Source LLC
Chambersburg PA
CBHW060205070426
42447CB00033B/2660